Manual para gerenciar un salón de belleza exitoso

Mi método comprobado para entender los
fundamentos del negocio de los salones de belleza

Ivo Castillo

Primera edición: marzo de 2024

© Ivo Castillo, 2024
ISBN: 9798323829651

Corrección y diagramación: María Alejandra Lara

La reproducción parcial o total de este libro por cualquier medio sin autorización del propietario de los derechos está penada por la ley.

BIENVENIDA

INTRODUCCIÓN AL MÉTODO

NIVELES DE GESTIÓN DE LA DUEÑA DE SALÓN DE BELLEZA.

NIVEL 1
NIVEL 2
NIVEL 3

FUNDAMENTOS DE UN BUEN SALÓN DE BELLEZA

EXCEDIENDO EXPECTATIVAS: EL VALOR EN LA EXPERIENCIA DE BELLEZA

MODELOS DE NEGOCIO EN BELLEZA: PRIORIZANDO EL VALOR AL CLIENTE

EXCELENCIA OPERACIONAL
SERVICIO ESTRELLA
PERSONALIZACIÓN Y EXCLUSIVIDAD

COMO TENER FINANZAS SALUDABLES EN TU NEGOCIO DE BELLEZA

COSTE DE PRODUCCIÓN DE UN SERVICIO
GASTO OPERACIONAL
CÁLCULO DE PRECIO
ADMINISTRA EL DINERO COMO UN PROFESIONAL

COMO TENER UN BUEN EQUIPO DE TRABAJO

CÓMO DEBE SER EL LIDERAZGO DE UNA DUEÑA DE SALÓN DE BELLEZA

CULTURA ORGANIZACIONAL DEL SALÓN

Cómo Crear Una Buena Cultura De Salón

EL MENU DE SERVICIOS EN TU SALON DE BELLEZA

Cómo Maximizar La Eficiencia De Los Servicios

MARKETING DE IMPACTO: FORJANDO NECESIDADES Y DESEOS EN LA BELLEZA

Fundamentos Del Marketing
Estrategia De Marketing
Opciones Para Tener Mayor Presencia En Línea.

APÉNDICE

Manual para gerenciar un salón de belleza exitoso

Bienvenida

El mundo de los negocios de belleza crecía a un ritmo exponencial. Pero luego ocurrió la pandemia del 2020, lo que transformó los negocios, los hábitos de las personas y la forma de trabajar para muchos profesionales de nuestra industria. Vivimos un movimiento sin precedentes que apuntó hacia la independización de los profesionales, el trabajo a domicilio, la renta de puestos de trabajo y los salones de belleza en casa.

Servicios, productos y formaciones que nunca habrían saltado a lo digital (o, de hacerlo, les hubiera tomado mucho tiempo) ahora son una realidad. Todo cambió casi de la noche a la mañana.

Mucha gente perdió su trabajo, otra cambió de carrera, algunos negocios cerraron y nuevos emprendimientos surgieron; todo potenciado por el mundo digital y las redes sociales.

Esto trajo como consecuencia una dinámica más competitiva en nuestra industria. Ahora los clientes van directo con el profesional sin un intermediario, un puente (es decir, tu salón).

Manual para administrar un salón de belleza exitoso
Entonces, ¿cómo destacar? ¿Cómo atraer y fidelizar más clientes? ¿Cómo ganar más dinero? ¿Cómo hacer que tu equipo trabaje mejor? Pero, sobre todo, ¿cómo gerenciar un salón de belleza, en este entorno altamente competitivo, para dejar de estar abrumada con la responsabilidad y la cantidad de cosas que implica ser una dueña?

Responder estas preguntas es el objetivo de este manual; te mostraré los pasos básicos de la gerencia de negocios aplicada a los salones de belleza.

Saludos,

Ivo.

Manual para gerenciar un salón de belleza exitoso

Introducción al método

Tal vez estés pensando en hacer crecer tu salón, pero no sabes cómo. Las ventas bajaron y no sabes por qué. Llevas mucho tiempo esforzándote para tener un negocio estable y no lo estás logrando o tal vez quieres crear un negocio, pero aún no sabes qué ofrecer.

Sea cual sea tu situación, todo se reduce a esta importante pregunta:

¿Hay alguna manera de gerenciar mi salón en la que pueda estar segura de que será exitoso?

Creo que la respuesta es SÍ, absolutamente.

Por supuesto, no hay garantías cuando se trata de éxito... pero hay un método que te permite acercarte lo más posible a ese salón de belleza que te imaginas y sueñas tener.

Muchos dueños han compartido sus historias conmigo. Yo he sufrido y gozado por casi veinte años en este negocio, así que he tenido el privilegio de ver lo que funciona y lo que no en una gran variedad de salones. Esto me ha permitido desarrollar una especie de «sexto sentido» para saber cuáles son las virtudes y debilidades de las dueñas de salones de belleza.

También he descubierto dos claves esenciales para el éxito.

La primera clave es que el éxito de tu negocio está estrechamente ligado a la cantidad de VALOR que das a los clientes. Poder generar y comunicar este valor convierte a tu salón en un sitio especial, reconocido y demandado.

La segunda clave está relacionada con el tiempo que dedicas a capacitarte y gerenciar el negocio. Es algo bastante simple, lo que no significa que sea sencillo.

Quiero dejar claro que lo que voy a compartir no es garantía de éxito, porque nadie puede darte eso. Sin embargo, este manual te muestra fundamentos que todo negocio exitoso aplica. La ventaja de lo que vas a leer a continuación es que está aplicado directamente a los salones de belleza.

Por favor, lee este manual en su totalidad. Pienso que te alegrarás al terminar.

Manual para gerenciar un salón de belleza exitoso

Niveles de gestión de la dueña de salón de belleza.

Como dueñas, debemos evaluar cuál es nuestra relación con las labores y responsabilidades del negocio. Es decir, qué tanto sabemos de gestión de empresas, marketing, finanzas, liderazgo, entre otras cosas importantes. Esta relación está directamente relacionada con la salud y el estado de tu salón de belleza.

He podido categorizar tres tipos de dueñas de salón según su conocimiento y resultados en sus negocios.

Nivel 1, «debajo del nivel del mar». Estamos ahogados, el negocio pierde dinero y no tienes conocimiento gerencial.

Nivel 2, «a nivel del mar». Hemos podido sacar la cabeza y respirar. El salón se mantiene económicamente y tienes un conocimiento muy básico de gerencia.

Nivel 3, «sobre el nivel del mar». Es como si estuvieras surfeando. Hay ganancias y buscas cómo crecer y mejorar. Entiendes sobre cómo funciona el negocio y tienes herramientas para tomar mejores decisiones.

Cada uno de estos niveles se caracteriza por varias situaciones, factores y momentos particulares. Vamos a explorarlos un poco más para que seas consciente de en cuál estás.

Nivel 1

Estás ahogada, es decir, el negocio está mal, luchas para sobrevivir. El negocio te da dinero a veces, pero en otras ocasiones tienes que sacar de tu bolsillo o endeudarte para poder mantenerlo. Te costó mucho abrir tu negocio, ¿cierto? Eres esclava de él. Es como si estuvieras trabajando para otra persona, pero con más responsabilidades y sin recibir pagos.

Entiendes muy poco o nada de finanzas. Por ejemplo, confundes «ingresos» con «ganancia», «costos» con «gastos»; no manejas bien tu balance de los estados financieros. En general, tienes poco conocimiento del dinero de tu empresa.

A veces le va bien al negocio, pero no tienes control sobre él ni lo que sucede en él.

Esto no significa que no sepas nada, me refiero a que no sabes gestionar. No eres ordenada al pagar a los proveedores; desconoces cuánto tienes que vender para cubrir la operación del salón. Pones precios por debajo de la competencia creyendo que así venderás más.

Muchos emprendedores fracasan porque están más centrados en trabajar en el negocio (como técnicos) en lugar de trabajar sobre el negocio (como emprendedores o gerentes). Este principio es especialmente relevante en la industria de la belleza, donde la pasión por el oficio a menudo puede eclipsar la importancia de la gestión eficaz y el liderazgo estratégico.

Nivel 2

En este nivel, no estás tan mal. Comprendes los fundamentos de la gestión y las finanzas, sin embargo, encontrar el tiempo para dedicarte a estos aspectos es un reto constante. **Estás trabajando en el salón todos los días y asegurando que el servicio sea de buena calidad.**

El ritmo acelerado del día a día a menudo da como resultado que olvides detalles importantes y que desconfíes del personal, lo que te impide delegar efectivamente y causa una fluctuación en las ganancias: algunos meses son buenos, otros no tanto. Además, la dependencia de tu presencia en el salón para mantenerse es evidente.

Es hora de estructurar y delegar para asegurar que el negocio no solo se sostenga, sino que también te recompense como mereces por tu compromiso y sacrificio.

Nivel 3

Por último, en el nivel 3, estamos sobre el nivel del mar. Tu salón es más ordenado; hay un control y un orden. Como dueña, lideras y dominas la parte gerencial de forma general. Aunque puedes operar, tienes a alguien que se encarga de los detalles administrativos complejos, fastidiosos; tienes ayuda.

En el salón se toman decisiones, se lidera y confía en el equipo. El salón está mejorando constantemente y hay ganancias al final del año. Buscas escalar.

En este nivel, los objetivos son claros, las finanzas son saludables. En consecuencia, las propietarias invierten en la expansión del negocio.

Fundamentos de un buen salón de belleza

Un salón de belleza sobresaliente se distingue no solo por su habilidad para realzar la belleza, sino por su fundamentación en prácticas de negocio sólidas que garantizan su sostenibilidad y crecimiento.

La distinción entre un salón promedio y uno excepcional se encuentra en la implementación de una estructura básica bien definida que enfatiza la rentabilidad como objetivo primordial. Esta sección trata de explorar los pilares esenciales de un salón de belleza próspero y cómo su adecuada gestión se traduce en un éxito tangible.

A continuación, te detallo los pilares que debes entender y gestionar correctamente en tu salón de belleza.

El equipo es el cimiento de un salón de belleza eficaz. Es esencial tener un equipo adecuado, fuerte y enfocado para abordar las necesidades de los clientes y asegurar su lealtad. Para lograrlo, debes contar con profesionales capacitados a los que les guste su trabajo y estén comprometidos con el objetivo del salón.

Las finanzas son el segundo pilar de un salón de belleza. Un salón necesita un plan financiero sólido que cubra todos los aspectos de la operación, desde los gastos generales hasta los precios de los servicios. Debes ser realista con respecto a los ingresos y gastos, así como estar preparada para los cambios en la economía local.

Los servicios son el tercer fundamento de una estructura exitosa. Los salones de belleza pueden ofrecer una amplia variedad de servicios, desde tratamientos faciales hasta manicuras. Debes trabajar para que los servicios sean de la mejor calidad posible, con el fin de satisfacer las necesidades de los clientes, y que los precios sean competitivos.

El marketing es el último pilar de un salón de belleza. Los salones necesitan una estrategia de mercadeo efectiva para promocionar los servicios, atraer nuevos clientes y retener a los clientes existentes. Esto puede incluir una combinación de publicidad, promociones, relaciones públicas y redes sociales.

Si las dueñas de salones entienden y aplican los fundamentos, pueden asegurarse de que todo lo que se está haciendo en el negocio, como la gestión del personal y las tácticas de marketing, sea alineado con la visión estratégica, mejora los rendimientos financieros y crea una experiencia cliente que distingue al salón en un mercado saturado.

Excediendo Expectativas: El Valor en la Experiencia de Belleza

Los salones de belleza deben esforzarse por ofrecer un valor real a sus clientes y lograr su satisfacción.

En un mundo donde las tendencias y la moda cambian constantemente, es importante que los salones de belleza reconozcan que los clientes están cada vez más informados y conectados con lo que sucede en la moda, artistas, los blog de belleza y las cuentas de influencers en redes sociales. Estas plataformas digitales no solo informan sino que también moldean sus expectativas. Los clientes, ahora curadores de su estilo personal a través de lo que descubren en Internet, buscan más que un servicio: buscan una experiencia auténtica que refleje las tendencias actuales y resuene con su identidad digital.

Cuando uno entra en un salón de belleza, lleva consigo un conjunto de ideales y conceptos preconcebidos, forjados por las vibrantes imágenes y las narrativas de moda que absorbe de las redes sociales.

Por eso, adaptar el ambiente del salón y los servicios para mostrar las influencias modernas es muy importante para que el cliente sea leal.

Es más que una transacción; es una interacción cultural que requiere una inmersión en la psique del consumidor moderno. Dado que ofrecen esta experiencia auténtica y relevante, los salones de belleza pueden convertirse en el refugio entre la vida cotidiana de sus clientes y el mundo dinámico y siempre cambiante de la belleza y la moda.

Esta constante actualización de los clientes con las tendencias actuales y su deseo de experiencias auténticas, son las formas cuales miden el valor de los servicios de belleza.

Esta afinidad de los clientes con las tendencias actuales y su deseo de experiencias auténticas, son las formas cuales miden el valor de los servicios de belleza.

El valor del salón se relaciona con la habilidad del salón para ofrecer una experiencia moderna y relevante, y también emocionante. Cuando el servicio proporcionado con éxito y supera las expectativas del cliente, se eleva la percepción de valor y, por ende, la satisfacción general con el salón, lo que cimenta un vínculo duradero y una preferencia continua por sus servicios.

Este valor se logra a través de la calidad, la innovación, el precio, la promoción, el servicio, la conveniencia y la experiencia general del cliente.

- La **clave** consiste en ofrecer productos y servicios que excedan los estándares y expectativas de los clientes.
- La **innovación** implica ofrecer productos y servicios que sean únicos y atractivos para los clientes.
- El **precio** refleja la relación entre el beneficio que percibe el cliente y la satisfacción que van a tener. Los clientes deben sentir que están recibiendo un valor equivalente a su dinero.
- La **promoción** ayuda a los clientes a conocer los productos y servicios disponibles y a motivarles a comprar.
- El **servicio** es la atención que se les da a los clientes, tanto antes como después de la venta.
- La **conveniencia** se refiere a la facilidad de uso de los productos y servicios, la rapidez con que se atiende a los clientes, la ubicación de tu salón e incluso la tecnología usada en el salon para realizar o mejorar los procesos del salon.
- La **experiencia general del cliente** supone la percepción general que este tiene sobre un producto o servicio, y a la forma en que percibe la marca.

Para destacar, es crucial adoptar estrategias de negocio centradas en aportar valor excepcional al cliente, lo que naturalmente te diferenciará de la competencia.

Ivo Castillo

Modelos de Negocio en Belleza: Priorizando el Valor al Cliente

Una buena forma de negocio en el sector de la belleza es aquella que establece claramente cómo una empresa puede ser rentable al tiempo que ofrece un valor significativo a sus clientes. Esto abarca cómo se estructuran y precian los servicios, y cómo se comunica el valor a través del marketing.

Es importante entender esto para que las dueñas de salones diseñen estrategias que ayuden a satisfacer a los clientes y a ahorrar dinero.

El modelo de negocio **debe tener en cuenta las necesidades de los clientes y también considerar cualquier oportunidad de crecimiento.** Debe incluir estrategias de marketing, precios, servicio al cliente y productos.

Un buen modelo de negocio **ayuda a un salón de belleza a percibir mejor el mercado y su competencia.** Esto le permite desarrollar estrategias para captar y retener a sus clientes. También le ayuda a poner precios óptimos para maximizar las ganancias.

El modelo de negocio **debe incluir una evaluación de los proveedores y una lista de estándares para los productos y servicios,** lo que garantizará que los productos sean de la más alta calidad posible.

Otra parte importante de los modelos de negocios es **la planificación a largo plazo.** Los dueños de salones de belleza deben considerar cómo desean que el negocio evolucione con el tiempo. Esto incluye considerar expandir el espacio del local, ampliar el catálogo de productos o servicios, así como cualquier nueva tecnología para realizar un servicio, o proceso dentro del salon que pueda mejorar el negocio.

A continuación, te presento tres modelos de negocio enfocados a dar valor. Están claramente orientados a funcionar para los salones de belleza.

Excelencia operacional

La excelencia operativa es una de las disciplinas de valor descritas por Michael Treacy en *Customer Intimacy and Other Value Disciplines*.[1] Se refieren a tres

estrategias centrales que las empresas pueden adoptar para superar a sus competidores y alcanzar el liderazgo en el mercad

Su objetivo es brindar servicios y productos a precios más bajos mediante la búsqueda de la eficiencia de los procesos para reducir los costos y mantener la calidad.

Un salón de belleza con un modelo de negocio que apunta a la excelencia operativa trabaja pensando en la automatización, la estandarización y la toma de decisiones basada en datos para optimizar sus procesos y reducir costos.

La estrategia es la entrega de valor por su conveniencia con respecto a la necesidad del cliente. Todo servicio ofrecido debe ser igual cada vez que el cliente va al salón, debe tomar siempre el mismo tiempo y debe ser ejecutable por cualquier profesional del salón.

---

[1] Van Vliet, V. (2023, 17 enero). *Michael Treacy Biography, Quotes and Books*. Toolshero. https://www.toolshero.com/toolsheroes/michael-treacy/

Ejemplo:

Modelo de negocio: un salón de uñas ubicado en un centro empresarial.

Tipo de cliente habitual: mujeres ejecutivas que cuidan mucho su imagen, pero que tienen poco tiempo para tomar decisiones en torno al diseño de uñas y para esperar por un servicio de manicura.

Este tipo de clientas busca conveniencia, es decir, que les hagan las uñas rápido, siempre igual y que sea un lugar cerca de su oficina. El salón debe enfocarse en que todas las profesionales manejen la misma técnica, se demoren el mismo tiempo de trabajo y garanticen la misma calidad.

Manual para gerenciar un salón de belleza exitoso

Servicio Excelencia Operacional
... EL CLIENTE BUSCA

- CONVENIENCIA
- PRECIO
- CONSISTENCIA

Servicio Excelencia Operacional
... EL SALON BUSCA

- VOLUMEN DE VENTAS
- CONTROL DE COSTOS
- PRODUCTIVIDAD Y MÉTODOS

Servicio Estrella

El modelo de 'Servicio Estrella' se centra en brindar un producto o servicio altamente especializado, destacándose por la excelencia y el reconocimiento de su equipo de profesionales. Esto se hace porque la dueña o profesional es muy conocida en el mercado y los clientes lo consideran como referencia.

El objetivo es distinguir al salón de belleza de la competencia mediante la implementación continua de técnicas, productos y servicios nuevos y mejorados. Al brindar una experiencia única, el negocio se vuelve una referencia en su zona y atrae clientes leales que buscan los mejores tratamientos.

Para ello, los profesionales del salón deben tener una formación amplia en un servicio específico, superior al estándar de otros salones. Al ofrecer una experiencia exclusiva, los clientes se pueden sentir identificados con la técnica y reputación del salón.

Ejemplo:

Solo utilizar los mejores y más avanzados productos veganos en sus tratamientos, ofrecer líneas de productos exclusivas que no están disponibles en otros salones, un estilista principal certificado en una técnica especial de corte que le permita cobrar más por su conocimiento y experiencia.

SERVICIO ESTRELLA

. . . EL CLIENTE BUSCA

(TENDENCIA + CALIDAD) — (CONFIANZA) — (STATUS + ESTILO DE VIDA)

SERVICIO ESTRELLA

. . . EL SALON BUSCA

(LIDERAZGO EN UN SERVICIO) — (INNOVACIÓN + MARKETING) — (MAYOR GANANCIA X SERVICIO)

Personalización y Exclusividad

Este tipo de modelos de negocio es, tal vez, el más complicado de ejecutar ya que primero necesitas tener una alta demanda y lograr reconocimiento general.

Un salón de belleza que prioriza la personalización y la exclusividad se centra en establecer relaciones sólidas y duraderas con sus clientes. A diferencia de los otros modelos, en los que se busca la ganancia por cada transacción, estos salones de belleza trabajan a favor de las ganancias a largo plazo mediante servicios exclusivos que garanticen la fidelidad de sus clientes.

Para conectar con ese cliente ideal, debes conocer sus necesidades y expectativas con el fin de crear servicios para él. La oferta es corta pero muy personalizada. El valor para el cliente es sentirse exclusivo, único. Tener un salón exclusivo es sinónimo de lujo.

Ejemplos:

Un studio, un espacio muy íntimo que atiende solo por citas. Se ofrecen experiencias de lujo. El tipo de cliente es de alto poder adquisitivo.

Servicios dermoestéticos. El resultado de los servicios es a largo plazo, por ende, se debe mantener una relación prolongada con el cliente.

Manual para gerenciar un salón de belleza exitoso

SERVICIO PERSONALIZACIÓN/ EXCLUSIVIDAD

... EL CLIENTE BUSCA.

- LUJO EXCLUSIVIDAD
- ESTILO DE VIDA
- CONFIANZA CALIDAD

SERVICIO PERSONALIZACIÓN/ EXCLUSIVIDAD

... EL SALON BUSCA.

- ALTOS MARGENES
- LEALTAD RELACIÓN LARGO PLAZO
- DIFÍCIL DE IMITAR

Como Tener Finanzas Saludables En Tu Negocio De Belleza

Como propietaria de un salón de belleza, poseer una sólida comprensión de las finanzas es esencial para asegurar el éxito y la rentabilidad de tu emprendimiento. Esta base te ayudará a tomar decisiones rápidas y efectivas para alcanzar tus metas comerciales.

A continuación, algunos términos básicos de finanzas que toda propietaria de un salón de belleza debe saber:

- **Ingreso:** es la cantidad de dinero que entra mediante los servicios y productos. Para calcularlo, es necesario multiplicar el precio de los servicios y productos por el número de unidades vendidas. El ingreso es una métrica clave para medir el rendimiento financiero de tu salón y puede ayudarte a determinar si tu negocio está creciendo en clientes, ventas de servicio/productos o esta disminuyendo la productividad de los profesionales.
- **Costos de producir un servicio**: Son los desembolsos vinculados directamente a la creación y entrega de los servicios y productos del salón, como la adquisición de productos de belleza, el pago de salarios y las comisiones de los estilistas. Estos costos son fundamentales afectan directamente la producción y la entrega de los servicios ofrecidos. Su monitorización constante es vital para determinar la rentabilidad directa de las actividades del salón.

- **Gastos Operacionales**: Representan las salidas financieras necesarias para el mantenimiento general y la administración del salón, incluyendo el alquiler del espacio, los pagos de servicios como agua y luz, y los salarios del personal de apoyo. Es importante gastar bien para mantener y mejorar la rentabilidad del negocio.
- **Ganancia:** es el beneficio financiero restante después de deducir todas las salidas de dinero, las cuales incluyen los gastos, los costes, impuestos y otros asociados con la operatividad del negocio. El beneficio se calcula restando los gastos totales de los ingresos totales.
- **Margen de utilidad:** es el porcentaje de ingreso que queda después de que todos los costes y gastos han sido pagados. El margen de beneficio es un indicador clave de la rentabilidad del salón y puede ayudar a determinar si está generando ingresos suficientes para mantener el salon.
- **Flujo de caja:** es el movimiento de dinero disponible en su salón. Es importante gestionar el flujo de caja de manera efectiva para cubrir los gastos y hacer inversiones. Para mejorar el flujo de caja, es posible que necesites aumentar los ingresos, reducir costos, eliminar gastos o ajustar tu estrategia de precios.
- **Retorno de la inversión (ROI):** es el porcentaje del beneficio generado por una inversión en relación con su coste. Para calcular el ROI, es necesario dividir el beneficio generado por una inversión por el costo de la inversión. Comprender el ROI

ayuda a evaluar la eficacia de las campañas de marketing, las ofertas de productos y otras inversiones.
- **Punto de equilibrio:** es el nivel en el que ingresos y egresos (salida de dinero, costo y gasto) son iguales. Este es un concepto importante porque determina cuánto ingreso es necesario para cubrir la operación del salón y comenzar a generar un beneficio.

Estos son los pilares que te ayudarán a alcanzar la rentabilidad sostenida en el camino hacia la rentabilidad sostenida. Si usas esta inteligencia financiera, podrás tomar decisiones estratégicas que te ayudarán a tener éxito en tu negocio y también te ayudarán a tener un futuro mejor. Estructura financiera de tu salón.

Las dueñas de salones de belleza deben centrarse en gestionar sus finanzas de la manera más sencilla y rápida posible para maximizar los beneficios. Sí, sé que este paso es difícil y que que te quita tiempo. Pero es importantisimo!

Tranquila, yo aún pienso, después de tantos años, que es tedioso y aburrido).

Aquí te dejo la fórmula que aplico. Es la forma más simple y efectiva en la que puedo entender la salud de mi negocio.

ESTRUCTURA FINANCIERA DE TU SALON

ESTRUCTURA FINANCIERA	EJEMPLO
INGRESOS	+ Ventas de Servicios + Ventas de Productos
COSTO DE PRODUCIR UN SERVICIO	− Insumos (de Producción) − Sueldo de Profesional − Comisión de Profesional. − Costo de Productos Reventa.
GASTO DE OPERACIÓN	− Alquiler − Servicios (Electricidad, Agua, Seguro, etc) − Sueldos Administrativos − Sueldo Dueñ@ − Marketing − Otros Gastos

GANANCIAS + SI LOS INGRESOS SON **MAYORES** A QUE LOS COSTOS Y G JUNTOS.

PÉRDIDAS − SI LOS INGRESOS SON **MENORES** QUE LOS COSTOS Y JUNTOS.

Coste De Producción De Un Servicio

El coste de producción es fundamental dentro de la estructura financiera de un salón, porque para 2poner buenos precios que nos permitan ganar dinero, tenemos que saber cuánto nos cuesta producir cada servicio.

Hay que desglosar el costo del servicio para entender cómo se compone y después ponerle un valor al servicio.

FÓRMULA: COSTO DE PRODUCIR SERVICIO

COSTO DE PRODUCIR UN SERVICIO = COSTO DEL INSUMO + COSTO DE MANO DE OBRA

Ejemplo:

Un cliente pide cotización de colorimetría (raíces). Lo primero es evaluar todas las variables.

Insumos: gramos u oz de tinte, gramos u oz de decolorante, gramos u oz de oxidante, aplicaciones cremas faciales, aplicaciones exfoliantes, aplicaciones por esmalte, tira de pestañas, aplicaciones por cada producto de maquillaje, entre otros.

Mano de obra: costo por hora/personal involucrado en el servicio, comisión del profesional.

Utilizando esta fórmula, tendrás un control absoluto de cuánto te cuestan tus servicios.

COSTO DE SERVICIO DE COLOR DE RAÍCES
(VALORES APROXIMADOS)

PARA EL COLOR DE RAÍCES, APROXIMADO SE USA:

1 TINTE DE 60 GR CUESTA $11.00
1 LT DE PERÓXIDO = 1,000 ML, CUESTA $18.00, CADA ML = $0.018

60 GR DE TINTE = $11.00
90 ML DE PERÓXIDO = 90 x $0.018 = $1.62

COSTO DE INSUMOS = $12.62

EL SUELDO DE UN PROFESIONAL (EJEMPLO) = $ 2,000.00
EL DÍA CUESTA = $2,000.00 / 30 (DÍAS DE UN MES) = $66.66 DIARIO
LA HORA CUESTA = $ 66.66 / 8 HORAS (ESTÁNDAR) = $8.33 LA HORA.

PARA REALIZAR UN SERVICIO DE RAÍCES EL PROFESIONAL SE DEMORA 1 HORA Y 30 MIN
COSTO DE MANO DE OBRA = $12.5

COSTO DE PRODUCIR EL SERVICIO = INSUMOS $12.62 + COSTO PROFESIONAL $

COSTO DE PRODUCIR EL SERVICIO = $ 25.12

No todos los servicios tienen grandes costos de insumos, por ejemplo, para un corte de cabello solo usas shampoo y acondicionador (y depende 90 % del profesional). Igual es importante calcular ese coste.

También es posible que uses un insumo que no se mide en gramos o mililitros. Para eso recomiendo dividir el coste del producto entre rendimiento (cantidad de veces o aplicaciones hasta que se acabe).

Gasto Operacional

Se refiere a los gastos continuos necesarios para mantener el negocio en funcionamiento día a día. Pueden incluir:

- Alquiler del espacio del salón.
- Sueldos y salarios de los empleados, incluidos los beneficios y las retenciones.
- Facturas de servicios básicos (electricidad, gas, agua, entre otros).
- Seguros de responsabilidad civil, de propiedad y de accidentes de trabajo.
- Gastos de publicidad, como la creación de folletos, publicaciones en redes sociales y otros materiales promocionales.
- Costos de reparación y mantenimiento de equipos como sillas, estaciones de peinado y otros equipos de salón.
- Gastos administrativos tales como honorarios contables, legales y profesionales.
- Licencias comerciales, licencias de *software*, comisiones de banco y puntos de venta.

Los gastos de la operacion son una parte fundamental del funcionamiento de un salón de belleza. Es importante administrar estos gastos con cuidado para garantizar que el negocio sea rentable y sostenible a largo plazo.

Como dueña, debes asegurarte de que tus gastos operacionales estén en línea con tus ingresos y márgenes de beneficio, y buscar formas de reducir los costos o aumentar la eficiencia siempre que sea posible.

A diferencia de un insumo, que tiene un coste definido y se desglosa en cantidades o aplicaciones, con los gastos operacionales no pasa lo mismo. Es imposible calcular cuanto dinero o % del alquiler corresponde a cada servicio. Se debe asignar un porcentaje a los precios atribuidos a esa partida, de esta forma, esos gastos quedan cubiertos en los precios de los servicios.

Primero determinemos cuánto representa nuestro gasto operacional.

Gasto operacional = (Total de Gasto / Total Ingresos x Ventas) * 100

Es importante definir ese porcentaje. Lo ideal es que esté entre 15 % a 35 %

Ejemplo:

TOTAL INGRESOS POR VENTAS DE SERVICIO EN UN MES

$ 20,000

GASTOS OPERACIONALES

- ALQUILER $3,500
- SERVICIOS $500
- SUELDO RECEPCIÓN $1,000
- GASTO EN MARKETING $200
- SUELDO DUEÑO $500

TOTAL GASTO OPERACIONAL= $5,700

GASTO OPERACIONAL % = ($5,700 / $20,000) * 100

GASTO OPERACIONAL % = % 28.5

Cálculo De Precio

Sabiendo el costo de producción por servicio y el cálculo de gasto operacional del salón, puedes estandarizar un precio que te dé rentabilidad.

El precio del servicio no puede ser menor al costo de producción, porque estarás perdiendo dinero.

Otra gran equivocación es establecer los precios tomando en cuenta el costo de producción más un margen adicional, olvidándonos por completo del gasto operacional.

Al establecer el precio de los servicios, debemos contemplar cuánto deseamos ganar. Esto puede ser un monto fijo por servicio o un porcentaje de rentabilidad por cada uno. Inclusive puedes sacrificar ganancias en un determinado servicio de acuerdo a tu modelo y estrategia de negocio.

Evaluar los precios de la competencia siempre es una buena forma de tener una referencia. Esta comparación no debe ser solo basada en el precio, también evalúa los servicios, el espacio, la ubicación y la calidad.

Un error muy común al establecer precios es copiar el de la competencia o poner un precio más bajo para competir con el otro sin contemplar tus costos, gastos y ganancia.

Lo importante es que, como dueña, tomes muy en serio los precios de tus servicios y tengas completa conciencia de cómo se componen para que puedas ajustarlos según tus necesidades y no guiándote por lo que hacen los otros salones.

Con esta información, puedes identificar si tus precios son correctos y cuánta ganancia puedes percibir por cada servicio.

PRECIO DE UN SERVICIO = COSTO DE PRODUCIR UN SERVICIO + GASTO OPERACIONAL + GANANCIA

Volvamos al ejemplo sobre colorimetría:

Ivo Castillo

SERVICIO DE COLOR RAÍCES

PRECIO = CPS $25.12 + GO %28.5 + GANANCIA

(CONSIDERANDO QUE EL PRECIO QUE YA TIENES ES DE $60)

$60.00 = CPS $25.12 + GO $18.00 + ¿GANANCIA?

GANANCIA = PRECIO $60.00 − CPS $25.12 − GO $18.00

GANANCIA = $16.88 = 28% DEL PRECIO

Administra El Dinero Como Un Profesional

Es muy importante saber manejar el dinero en un salón de belleza. De nada sirve ser un profesional técnico (colorista, manicurista, cosmetólogo) talentoso si no se tiene dinero en la cuenta. Es importante seguir estos consejos:

Establece un presupuesto para el salón y cúmplelo. Realiza un presupuesto de ingresos, costos y gastos mensuales; de esa manera, sabrás en qué puedes gastar, cuál es el objetivo de ventas que debes alcanzar y dónde puedes reducir el gasto.

Maneja un cuadro de egresos mensuales. Pero revisa las salidas de dinero cada semana y llenalo para poder tener responsabilidad con el dinero.

Muchas veces gastamos en efectivo, sacamos dinero de la cuenta del salón o de nuestras cuentas personales sin llevar un control, sin reportarlo. Entonces cuando creemos que hay dinero, no lo hay, porque no nos acordamos en qué lo gastamos. Tener un cuadro de egresos también facilita la realización de tus reportes de impuestos y ayuda a tu contador a manejar tus impuestos de una forma más eficiente.

Ten un control de caja. Revisa y compara el dinero que entra por efectivo, a través del POS o por transferencias con las ventas reportadas. Muchas veces los bancos no depositan por error, las clientes pueden tener problemas con las operaciones o tienes que hacer devoluciones, por lo que es posible que creas que hay más dinero en ventas del que entró o viceversa.

Ten un calendario de pagos de tus proveedores. Si tienes proveedores, fija fechas de pago y sé consecuente con ello. Ser ordenada en el pago de los proveedores es una excelente forma de tener siempre dinero en la cuenta.

Las cuentas pueden acumularse, pero eso no significa que debamos pagar todas al mismo tiempo. Por ser desordenados o por gastar en otras cosas, nos llegan facturas vencidas que se interponen con otras más importantes.

Ten un buen control de inventarios de los insumos utilizados en la realización de servicios, como también de los productos que se revenden al cliente. Realiza un chequeo físico mensual. Si tu volumen de ventas es alto, se recomienda hacerlo semanal.

Emplea un sistema de gestión de salón. Es fundamental para llevar un buen cobro y gestión del POS, las facturas, el inventario de productos, las comisiones de los profesionales, los servicios combinados, el calendario de citas, entre otros. Los sistemas actuales son muy eficientes.

Existen sin fin de marcas y sistemas, desde genéricos que uno sirve para todos, para pequeños negocios, como especializados para nuestra industria, desde costosos con cargos mensuales hasta gratuitos con cobros cuando pagan a traves de pasarela de pago. Debes entender tus necesidades y a partir de ella tener el sistema que más te convenga.

Ser ordenada y disciplinada hará tu rol como gerente mucho más sencillo. No necesitas ser una experta en finanzas, necesitas hacer las cosas básicas bien. Aplica estos consejos y verás el cambio.

Ivo Castillo

Como Tener Un Buen Equipo De Trabajo

El capital humano es vital en cualquier negocio. En un salón de belleza, su importancia aumenta porque las personas son quienes ejecutan y dan la cara a los clientes todos los días.

Un equipo de trabajo en un salón de belleza suele estar compuesto por varios roles clave; cada uno aporta habilidades específicas esenciales para la operatividad y la excelencia del servicio. La efectividad del equipo depende no solo de la habilidad técnica individual, sino también de cómo estos roles interactúan, se complementan y se alinean con la visión y los objetivos generales del negocio.

El liderazgo de la dueña es fundamental, ya que es la responsable de guiar al equipo. Un salón de belleza requiere de una gestión humana adecuada para lograr resultados positivos. Un buen liderazgo puede tener un gran impacto, tanto en términos de productividad como de satisfacción del cliente.

Un ambiente de trabajo positivo y motivador fomenta la colaboración y la creatividad. En un lugar agradable para trabajar, los empleados están más motivados y comprometidos con su trabajo, se comunican de manera efectiva entre sí y **hay más colaboración**.

Un buen equipo de trabajo genera consistencia y eficiencia en los procedimientos operativos porque estandariza todos los servicios y las tareas administrativas.

Cómo Debe Ser El Liderazgo De Una Dueña De Salón De Belleza

Para establecer un ambiente y un equipo de trabajo efectivos, la dueña debe ser una líder positiva.

Es fundamental dividir tu tiempo entre ser una técnica (por ejemplo, estilista, manicurista) y una empresaria y gerente. Esto significa dedicar tiempo a planificar estrategias de crecimiento y a la gestión financiera, comprender las necesidades de tu equipo y trabajar con ellos para alcanzar los objetivos del salón. Para ello, es importante tener buenas habilidades de comunicación, ser capaz de motivar a los empleados y ser un modelo a seguir para ellos.

Debes ser capaz de establecer reglas, metas, objetivos y políticas claras para el equipo. Es importante que los empleados sepan lo que se espera de ellos y que tengan un plan para alcanzar esas metas. Si el líder es capaz de establecer reglas y objetivos realistas, es más probable que el equipo se sienta motivado y comprometido con su trabajo.

Si como dueña identificas las debilidades propias y de los miembros del equipo, podrás hallar soluciones y proporcionar el apoyo necesario para mejorar.

Ivo Castillo
Cultura Organizacional Del Salón

Se refiere a las normas, valores, creencias y prácticas que comparten los miembros de una organización. Esta cultura puede ser explícita o implícita, y puede ser influenciada por varios factores, como la historia de la organización, su tamaño, su estructura y sus objetivos.

La influencia más significativa en la cultura organizacional de un salón de belleza proviene de la dueña. El liderazgo de la dueña actúa como un faro: proyecta sus propios valores, ética de trabajo y visión para el negocio.

Ejemplos:

Si la dueña valora la excelencia en el servicio al cliente, es probable que esta prioridad se refleje en la atención meticulosa a los detalles, en el compromiso de los empleados con la formación continua y en una cálida hospitalidad que impregna la experiencia del cliente.

Una cultura organizacional que valora la creatividad y la innovación puede inspirar a los estilistas a experimentar con nuevos estilos y técnicas, lo que podría atraer a más clientes.

Por otro lado, una cultura organizacional que enfatiza la puntualidad y la eficiencia puede garantizar que los clientes reciban un servicio rápido y de alta calidad, lo que podría generar más lealtad y referencias.

Manual para gerenciar un salón de belleza exitoso

Cómo Crear Una Buena Cultura De Salón

La creación de una cultura organizacional en un salón de belleza puede inspirarse en el método *The Golden Circle* de Simon Sinek.[2]

El método de Sinek se centra en tres preguntas:

1. **¿Por qué** hacemos lo que hacemos? (Why?)
2. **¿Cómo** hacemos lo que hacemos? (How?)
3. **¿Qué** hacemos? (What?)

Simon Sinek sugiere a las empresas descubrir y comunicar su «por qué». Para un salón de belleza, el «por qué» es su propósito central y puede ser algo así como: «potenciar la confianza y la belleza individual de cada cliente». Esta declaración de propósito va más allá de la prestación de servicios estéticos; se trata de una misión emocional que puede infundir pasión y dirección en el equipo.

El «cómo» son las acciones específicas que se toman para materializar el «por qué», así como la forma en que se presentan. En un salón de belleza, esto es equivalente a la experiencia y el valor para el cliente, las técnicas de belleza innovadoras y un ambiente acogedor que hace que cada cliente se sienta especial y valorado. Aquí se incluye los métodos

---

[2] Colaboradores de Wikipedia (2024, 22 marzo). Simon Sinek. Wikipedia. https://en.wikipedia.org/wiki/Simon_Sinek

y procesos dentro del para entregar el «por qué». Es el toque de diferenciación que hace especial a tu salón.

El «qué» describe los servicios y productos concretos que ofrece el salón. Son la evidencia tangible del «por qué» y el «cómo». Incluyen la variedad de tratamientos y servicios de belleza como cortes de cabello, coloración, manicura, pedicura, tratamientos faciales, maquillaje para eventos especiales y una línea curada de productos de belleza.

Según Sinek, la mayoría de las empresas se enfocan en responder a la pregunta «¿qué hacemos?» en lugar de comenzar con la pregunta «¿por qué hacemos lo que hacemos?».

Crear una cultura organizacional sólida requiere tiempo, esfuerzo y un enfoque estratégico. A continuación, presento algunos consejos para crear una cultura de trabajo en un salón de belleza:

Definir tu por qué, cómo y qué. El método *The Golden Circle* es muy efectivo, pero no es el único. Existen varias teorías y estrategias para crear una cultura de trabajo.

Establecer los valores del salón. Por lo tanto, es importante definir claramente los valores y comunicarlos a todo el equipo. Esto ayudará a establecer un sentido de propósito compartido y un enfoque unificado.

Identificar comportamientos deseados que se esperan de los empleados en el salón de belleza. Por ejemplo, la puntualidad, la cortesía, la empatía y la creatividad pueden ser comportamientos que se buscan fomentar en la cultura organizacional del salón.

Establecer normas. Las normas de un salón de belleza son importantes porque establecen las expectativas de comportamiento y conducta para el personal y los clientes. Al establecer normas oportunas, se puede mejorar la eficiencia, la calidad del servicio y la seguridad en el salón de belleza.

Fomentar la participación y colaboración. Es recomendable fomentar la comunicación abierta y la colaboración entre los empleados para crear un ambiente de trabajo positivo y productivo.

Monitorear y ajustar la cultura organizacional. La cultura del salón no es estática y puede cambiar con el tiempo. En consecuencia, es recomendable monitorear regularmente la cultura organizacional y ajustarla si es necesario. Esto puede incluir la revisión de los valores y comportamientos deseados, la implementación de nuevas iniciativas o la eliminación de elementos que ya no son relevantes.

Para cultivar una cultura organizacional positiva y eficaz en un salón de belleza, la dueña debe ser consciente de su rol modelador y emprender acciones que promuevan los principios deseados.

Ivo Castillo

El Menu De Servicios En Tu Salon De Belleza

En la mayoría de los salones de belleza, los servicios dependen de las habilidades técnicas de las dueñas (los cuales, en su mayoría, son profesionales técnicos).

En un salón de belleza, la composición ideal de servicios dependerá en gran medida a aparte de las habilidades tecnicas de la dueña, tambien de la ubicación, el mercado objetivo, los recursos financieros y las habilidades del personal. Sin embargo, en general, la mayoría de los salones de belleza ofrecen los mismos servicios clave.

Es importante que tu oferta de servicios en tu salón esté alineada con tu estrategia de negocio basada en valor para el cliente. Determinar cómo tus servicios no solo contribuirán a la rentabilidad, sino que también se integran y refuerzan tu modelo de negocio, es fundamental. La combinación de lo que ofreces y cómo creas valor para tus clientes ayudará a que tu negocio sea más exitoso y tenga una experiencia memorable.

Ejemplo:

En un modelo de servicio estrella, en el que tu especialización es la colorimetría, lo evidente es que los servicios más vendidos sean relacionados con ello: highlights, toners, color de raíces y balayage.

Ivo Castillo
Cómo Maximizar La Eficiencia De Los Servicios

La regla de Pareto,[3] también llamada principio 80/20, es una teoría empresarial que sugiere que el 80 % de los resultados se deben al 20 % de los esfuerzos. En un modelo de negocios que ofrece servicios, esto significa que el 80 % de los ingresos provienen del 20 % de los servicios. Comprender y aplicar esta teoría en un negocio puede ser una herramienta valiosa para mejorar la eficiencia y rentabilidad.

Los servicios más populares, que atraen a la mayoría de los clientes y generan la mayor parte de los ingresos, solo representan el 20 % de tu catálogo de servicios. Por lo tanto, es importante que el salón de belleza ofrezca estos servicios con la más alta calidad posible para maximizar los ingresos y mantener la satisfacción del cliente.

Para identificar los servicios más rentables, puedes seguir los siguientes pasos:

Analiza las ventas de tus servicios. Revisa tus ventas en un periodo de 3 meses y determina cuánto ingreso has generado por cada servicio que ofreces. Agrupa los servicios que son similares o que tienen un precio similar.

---

[3] Colaboradores de Wikipedia. (2023, 17 octubre). Principio de Pareto. Wikipedia. https://es.wikipedia.org/wiki/Principio_de_Pareto

Calcula el porcentaje de ingresos que se obtienen de cada servicio. Por ejemplo, si un servicio genera $10,000 en ingresos y tus ingresos totales son de $100,000, entonces ese servicio representa el 10 % de tus ingresos totales.

Identifica los servicios que generan más ingresos. Identifica los servicios que generan el 80 % de tus ingresos. Si descubres que solo 8 de tus 40 servicios representan el 80 % de tus ingresos, entonces debes concentrar tus esfuerzos en esos 8 servicios.

Revisa los servicios menos rentables. Revisa los servicios que generan el 20 % restante de tus ingresos. Puedes considerar la posibilidad de reducir los menos populares o promocionarlos de manera diferente.

Ivo Castillo

Marketing De Impacto: Forjando Necesidades y Deseos En La Belleza

En términos simples, el marketing es el proceso social, económico, artístico y científico mediante el cual se identifican y satisfacen las necesidades y deseos de los clientes a través de la generación de un valor.

El marketing puede influir en la percepción de los consumidores y, por lo tanto, puede crear nuevas necesidades.

Por ejemplo, las estrategias de marketing pueden posicionar un producto o servicio de tal forma que los consumidores sientan un anhelo o imperativo de adquirirlo, incluso si previamente no lo habían considerado. La publicidad puede forjar un ideal que los clientes aspiran a imitar, adquiriendo el producto o servicio para cumplir con ese ideal.

En el caso de un salón de belleza, el marketing puede crear la percepción de que el cuidado personal es importante para lograr una apariencia deseada, y los beneficios emocionales mas alla de la imagen. A través de campañas de publicidad, recomendaciones de influencers y del boca en boca, el salón de belleza puede persuadir a los consumidores de que necesitan sus servicios para sentirse y lucir bien.

Es importante que el marketing sea honesto y transparente al presentar los productos y servicios. No hay que crear falsas necesidades para vender. La integridad es esencial para construir una relación a largo plazo con los clientes y establecer la confianza con el salón de belleza.

Fundamentos Del Marketing

El marketing se basa en cuatro variables para influir en la demanda de productos o servicios. Estas variables son producto, precio, promoción y distribución.

- **Servicio/producto.** Los productos y servicios que el salón ofrece. Debes asegurarte de que tu producto sea de calidad y esté diseñado para satisfacer las necesidades específicas del segmento de mercado al que está dirigido.
- **Precio.** Es el valor que se le asigna a un producto o servicio. Debes fijar un precio que sea atractivo para tus clientes y que te permita obtener beneficios. El precio puede utilizarse como herramienta para posicionar el producto en relación con sus competidores.
- **Promoción.** Se refiere a las actividades que un salón realiza para informar a los consumidores acerca de su producto o servicio. Esto puede incluir publicidad, relaciones públicas, promociones de ventas, eventos especiales y marketing digital y directo.
- **Distribución.** Se refiere a la forma en que el producto o servicio llega al cliente. Esto es el salón físico, su ubicación, diseño y

funcionalidad. Es importante tener un ambiente adecuado para llegar al segmento de mercado objetivo.

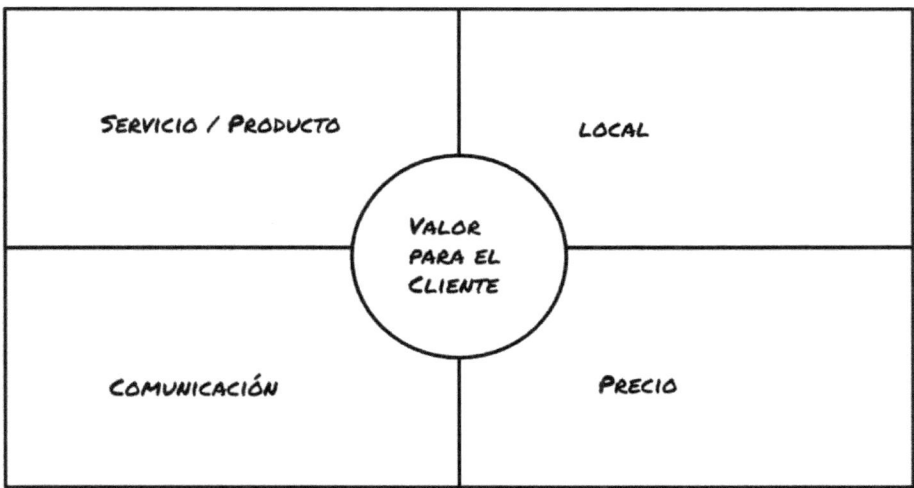

Estrategia De Marketing

Crear una estrategia de marketing eficaz para un salón de belleza requiere comprender y alinear tu modelo de negocio con el mercado objetivo, tener una imagen de marca atractiva, tener presencia digital sólida, efectuar promociones y descuentos llamativos, comunicarse con los clientes y, por supuesto, ofrecer un servicio excepcional.

Implementa estas acciones para desarrollar un plan de marketing efectivo que no solo atraiga sino que también retenga a tu clientela en el salón de belleza.

Identificar el mercado objetivo. El primer paso es identificar el mercado objetivo del salón de belleza. ¿El salón se dirige a mujeres o a hombres? ¿Qué grupos de edad son los más propensos a utilizar los servicios del salón? ¿Qué tipos de servicios son los más populares?

Definir un cliente ideal. Implica crear una descripción detallada del tipo de cliente que sería el más valioso para tu negocio. Es importante entender que no todos los clientes son iguales y algunos pueden ser más beneficiosos para tu negocio que otros. Este cliente debe estar alineado con tu modelo de negocio definido en un principio.

Para el cliente ideal es importante aparte de considerar los datos demograficos, definir los interes, de ese cliente. Que marcas compra, como se entretiene, que personajes influeyen en ella. Etc.

Crear una imagen de marca. La imagen de marca es la percepción que los clientes tienen del salón de belleza. Es fundamental tener una imagen de marca consistente y atractiva que sea fácil de identificar por el mercado objetivo. Esto puede incluir la creación de un logotipo, un eslogan y una paleta de colores coherentes en conjunto con la experiencia dentro del salón de belleza.

Definir objetivos. Asegúrate de que las actividades sean consistentes con los objetivos del salón. Las acciones de *marketing* tienen que tener un objetivo medible para que puedas evaluar qué funciona y qué no con el fin de hacer correcciones.

Desarrollar una presencia digital. Hoy en día, una presencia online sólida es esencial para cualquier estrategia de *marketing*. Tener una página web, estar en las redes sociales, hacer *email marketing*, enviar mensajes de texto y participar en plataformas de reseñas pueden ayudar a construir una reputación en línea positiva y atraer nuevos clientes.

El ecositema digital es muy grande, y esta constantemente evolucionando, es importante dar pequeños pero seguros pasos, lo mas importante es ser consistente en nuestra comunicación , tanto en el mensaje ofrecemos como la frecuencia con que lo hacemos.

Captar la atencion con promociones y ofertas, exclusivas para quienes visitan por primera vez, asi como **promociones que coincidan con celebraciones y eventos significativos.**

Retener y fidelizar clientes, estableciendo programas de recompenzas por visitas o montos de compra, esto genera relaciones a largo plazo y estimula las visitas frecuentes al salon.

Crear y participar en la comunidad, entablar relaciones sólidas con los habitantes de la zona, eleva la visibilidad de tu salón. Participar activamente en eventos comunitarios y locales. Estas actividades pueden incluir patrocinios de eventos, ofrecer servicios en ferias locales o contribuir a causas caritativas, todas ellas maneras efectivas de generar buena voluntad y reconocimiento de marca.

Mantener un servicio excepcional. Por último, es importante asegurarse de que el salón de belleza ofrezca un servicio estupendo. Los clientes satisfechos son los mejores vendedores y las críticas positivas pueden ayudar a atraer a nuevos clientes.

Opciones Para Tener Mayor Presencia En Línea.

Las redes sociales no son las únicas plataformas digitales para hacer *marketing* digital. No son la única forma de captar seguidores, atraer clientes y dar a conocer tu salón.

Te muestro algunas alternativas para ampliar tu presencia digital.

Crea una página web para tu salón de belleza. La página web es esencial para dar a conocer tu salón de belleza y ofrecer información sobre los servicios y promociones que ofreces, todo en línea.

El email marketing es una herramienta efectiva y directa que te permite comunicarte con tu base de clientes actual y potencial. Puedes enviar correos electrónicos personalizados con promociones exclusivas, actualizaciones de tus servicios y noticias importantes para que tus clientes estén comprometidos e informados. Esta estrategia mejora la relación con tu clientela al hacerles sentir valorados, sino que también impulsa las reservas y las visitas al proporcionarles información directamente en sus bandejas de entrada, donde pueden actuar inmediatamente sobre tus ofertas y novedades.

Para aumentar la visibilidad de tu salón de belleza en internet y atraer más visitantes a tu sitio web, invierte en campañas de publicidad en línea. Plataformas como Google AdWords son ideales para posicionar tus anuncios frente a una audiencia que busca activamente servicios de belleza. Puedes segmentar tus anuncios para llegar a clientes potenciales basándote en su ubicación, intereses y hábitos de búsqueda. Una buena táctica no solo aumentará el tráfico a tu sitio web, sino que también puede convertirse en citas reservadas y nuevos clientes para tu salón.

Desarrolla y comparte una variedad de contenido — como fotografías atractivas de tus servicios, entradas de blog informativas sobre tendencias de belleza, videos tutoriales y testimonios de clientes — para captar la atención y despertar el interés en tu salón. Este contenido debe ser visualmente atractivo y relevante para que tus clientes potenciales puedan conocer más sobre tu oferta. Al otorgar valor y entretenimiento, estableces una conexión con tu audiencia que puede traducirse en una mayor interacción y lealtad a tu marca.

Establece alianzas con influencers para que sean embajadores de tu salón de belleza. Si lo haces, podrás mejorar la presencia de tu marca en el mercado y aprovechar su audiencia para generar interés y credibilidad para tu negocio.

Apéndice

Administrar un salón de belleza es una experiencia vibrante y gratificante que te permite impactar positivamente la vida de las personas. Este manual está diseñado para equiparte con un conocimiento básico e integral de la gestión exitosa de un salón, desde estrategias de negocio hasta la formación de equipos, gestión financiera y técnicas para captar y mantener clientes leales.

He compartido contigo parte de mi experiencia y consejos prácticos con la esperanza de iluminar tu trayectoria como gerente de un salón de belleza y proporcionarte una guía clara para el éxito.

Recuerda, la responsabilidad de aplicar lo aprendido y transformar la teoría en práctica recae en ti. Nutre la pasión por tu oficio, pues es el impulso fundamental para la excelencia diaria y la satisfacción de tus clientes.

A lo largo de mi propia carrera en la belleza, he aprendido que la pasión verdadera es indispensable para triunfar. Mi entusiasmo por este ramo empresarial ha sido mi guía, y mi meta con este manual es inspirarte a lograr tus objetivos y alcanzar el éxito que mereces.

Gracias por embarcarte en este viaje de aprendizaje conmigo. Estoy convencido de que con dedicación y la aplicación constante de las lecciones de este manual, encontrarás éxito y cumplimiento en el vibrante mundo de la belleza. Te deseo todo el éxito en tu salon de belleza. ¡Adelante!

IVO

www.ingramcontent.com/pod-product-compliance
Lightning Source LLC
Chambersburg PA
CBHW070415230526
45471CB00006B/2809